I0422294

1

Una serie di aforismi e poesie da assaporare e da leggere con calma, perché attraverso la loro lettura è possibile meditare sul mistero della vita, nella lotta per la realizzazione di sogni concreti che riportino ai sentimenti più nobili, paragonati a cose che ci circondano, come il mare, il cielo e le stelle.

Dalla lettura di questa raccolta trapela una forza che incita alla resistenza e al coraggio, per determinare la consapevolezza che l'amore per il prossimo e l'amicizia pura siano essenziali per vivere bene e in pace, affrontando con il sorriso e con pazienza le difficoltà inevitabili.

Simona Smedile

Ai miei genitori

"Tramonto"

Sono qui a venerarti tramonto

a cercare insieme a te,

in ogni persona anziana

non il bianco inverno della vita

ma il calore di un camino sempre acceso.

Vorrei celebrare insieme a te

l'inno alla fierezza

di mio padre e mia madre

quando la stanchezza solca i loro volti

per una felicità che arriva zoppicando

ma i raggi della speranza

non conoscono la resa.

Leggi anche tu insieme a me, tramonto,

la più bella storia d'amore

quando i chicchi di melograno

diventavano rubini per mio padre

e i fiori della mimosa l'oro per mia madre.

Ora mi aggrappo alla tua vita

Tramonto

e finché ci sarai tu

a promettermi il risveglio del sole,

nessun vento cancellerà dai miei occhi

i colori del melograno di mio padre

e l'oro della mimosa di mia madre.

Elisabetta Turano

"A mio padre"

Sei per me

il campo di girasoli

mai avvizzito dal tempo,

la grande quercia che sfida i venti,

la roccia che non teme,

l'orgoglio di un uomo che non freme.

"Sei pilastro

che resiste agli anni stanchi

e glicine fiorito

anche senza primavera,

sei perla preziosa tra i capelli bianchi

e sole sempre rosso

nel tramonto di ogni sera."

"A mia madre"

"Sei per me
la fertile terra
dove posso raccoglier
le rose senza spine
perché tu
per me le ha tolte tutte,
sei quel solco di infinito
dove io vedo sempre
una piccola goccia
diventare mare."

"Sei la più bella poesia
che non ho ancora scritto
un bel libro di favole
che forse non ho letto.

Sei diamante che brilla

anche all'ombra di ogni sole

e fierezza che sa correr

nella vita dei tramonti.

Sei il volto di rughe

dove nasce l' aurora,

quando il cuore è grande

la vita è giovane ancora."

Il canto del mare

Siate come il canto del mare,

continuate a narrar la vostra storia

a chi ha voglia di amarvi e di ascoltarvi.

Per il resto del mondo,

fate come i gabbiani:

spiccate il volo senza più voltarvi indietro.

Come il mare consuma

le pietre più dure

con la forza del suo sale,

anche il tuo nome brillerà sulle maldicenze
con lo splendore del tuo sole.

Cuore, tu che sostieni la vita

non regalare i tuoi palpiti agli indegni

e non frenare il battito dei sogni.

Come la voce del mare mai tace,

tu non aver mai paura di essere felice.

Alta marea,

sommergi l'odio e l'invidia

nei più profondi mari

e trasforma i venti di guerra

in nobili pensieri.

Aspetta il tempo giusto

prima di dare risposte

alle graffianti domande della vita:

l'astuzia è spesso più potente di una spada.

Siate la cresta dell'onda

e non la paura di affondare,

possiate diventare

grandi timonieri

quando mancheranno le potenti navi.

Non importa

quante scogliere incontrerete,

l'importante è continuare

a navigare ancora.

A volte

sono proprio le scogliere

a farci scoprire

lidi meravigliosi.

Nessuna nave giunge al porto

se aspetta solo il ciel sereno.

Vai a testa alta

per ogni buon seme da te lasciato

sulla terra

e ignora l'altrui giudizio:

nel giardino degli onesti

è sempre primavera.

A volte è la ragione,

a volte è il cuore...

ma quasi sempre

è il nostro intuito

a farci scegliere

la rotta del nostro cammino.

Nel mondo dell'amore

il poco diventa tanto,

tra la gente senza cuore

il tanto è quasi niente.

La solitudine

può essere una condanna

o può diventare

la culla della creatività.

Una madre

toglierebbe al cielo

la sua luce

e al mare la sua voce,

forse non saprà mai dirti

di cosa per te

sarà capace.

La gioia di vivere non ha età,

a volte gli ultimi riflessi del sole

conoscono la luce più bella.

I grandi amici

con te non fanno i conti,

cercano di fare per te

veramente ciò che conta.

La saggezza delle persone anziane

e' come un gioiello

custodito in uno scrigno:

non brilla ma è più preziosa

della luce dei diamanti.

Il canto del mare

diventa coraggio

quando non puoi dissetare

i silenzi dell'anima.

Come il mare

risponde agli insulti del vento

sollevando le sue onde,

anche tu rispondi

agli attacchi del mondo

diventando ancor più grande.

Vento del mare

porta via con la tua forza

i timori di ogni uomo,

portali con le vele più potenti

nella terra del sole,

dove il mare brillerà

e dove nessuno potrà più

scalfire il cuore.

Chi ti vuol bene

non aspetta di incontrarti,

ma cerca soprattutto di trovarti.

Gli esseri umani

cercano la chiarezza e la verità

ma l'ipocrisia

rimane sempre

la grande padrona del mondo.

Amo i cieli stellati,

non muoiono mai

e sono come le persone

di un cuore buono

quando scrive la sua bontà

tra le pagine di un libro

che il tempo

non cancellerà mai.

Meraviglioso sarà il tuo orizzonte

quando scoprirai

il potere della mente,

quando in te

la voglia di vincere

è più potente

della paura di perdere.

Chi ti vuol bene

non spezza i tuoi sogni

ma ti aiuta

a rintracciare i loro segni.

In amore

a volte

le parole sono come il vento:

non ti ama chi ti dice di amarti

ma chi nel suo silenzio

sa capirti.

La lontananza

non è abbandono:

è come le onde del mare...

si allontanano e poi ritornano

in un gioco per perpetuo

che non finirà mai.

La spiegazione di tante cose

della nostra vita

è scritta in un libro

che nessuno ha ancora letto.

Come il mare

trasporta i rifiuti

per rendere più limpide le acque,

allontana anche tu dal tuo mondo

chi il tuo cuore sta oltraggiando.

La speranza non ci abbandona mai,

bacia sempre la nostra vita,

come l'onda quando accarezza la sabbia.

In questo moto perpetuo

non aver mai paura.

Luna,

tu che rallegri le acque marine

colorando d'oro e d'argento

la buia notte,

abbraccia anche il cuore

di chi il buio teme

e aiutaci a trasformare

ogni nostra croce

in una nuova luce.

Le persone buone

sono i veri gioielli della terra,

sono come gli occhi azzurri dei bimbi

su volti immacolati.

Le stelle non parlano,

ma sono gli occhi

del cielo sulla terra.

Non esiste nessun mezzo

per chi non sa comunicare,

non c'è semina

per chi non sa raccogliere,

non esistono doni per l'ingratitudine.

Nessuna fatica è persa,

sappi solo aspettare:

la carta vincente

è l'ultima ad apparire.

Non importa

quanta luce abbiano visto finora

le tue fatiche

o quante strade storte

abbiano percorso i tuoi passi,

ciò che conta

sono gli occhi del cielo

che non smettono mai di guardare.

Non si può

conceder facilmente la fiducia:

a volte la spada più pericolosa

è nascosta

nel più bel guanto di velluto.

Il tempo non si arrende

e non arrenderti neanche tu,

chiudi le porte dei rimpianti

e aprile ai tuoi sogni.

L'invidia è un ramo secco

tra i giardini del mondo

e vive per perseguitare

le verdi primavere.

Spesso nel mondo

le cose si capovolgono:

gli incapaci si credono geniali

e i grandi geni

vivono nell'ombra

per umiltà.

Bisogna imporsi

agli eventi tumultuosi

della vita

e non lasciarsi travolgere

da essi.

Non esistono distanze

quando le persone vivono nel cuore,

quando la loro vita sarà per sempre

la luce dei tuoi occhi.

Nessuna distanza

potrà dividerci

dalle persone care:

come l'onda abbraccia il mare,

così noi siamo uniti a loro

dai ponti dell'amore.

L'eternità accoglie

la bellezza intramontabile

dell'anima

e non le fugaci bellezze

affidate al vento.

Il tempo scrive

sulla sabbia

la ricchezza delle tasche

e sulla roccia

la grandezza del cuore.

Le calunnie degli invidiosi

sono come navi

mai giunte ai loro porti,

sono alberi piantati

nella terra di nessuno.

Chi cambia bandiera

come cambia il vento

prima o poi

sarà solo vento

senza più bandiera.

Possa nascere

per noi

un nuovo mondo,

dove le luci brilleranno

oltre le feste,

dove i sogni di un uomo

avranno meno sete

e le stelle del cielo

uniranno ancora una volta

e per sempre

i presenti con gli assenti.

I grandi amici

ti aiutano a volare

quando la vita

ha smarrito

i tuoi aquiloni.

Il vero vincitore

non lotta per vincere

i primi premi nelle gare

ma per raggiungere

la serenità della sua vita,

mentre i dubbi e le paure

si scioglieranno

come neve al sole.

Forse gli onesti

non vivranno in castelli prestigiosi,

ma la casa degli onesti sarà sempre

una reggia di gran prestigio.

I vestiti raffinati

non si comprano

da nessuna parte,

sono la stoffa innata

di chi ha l'eleganza

negli occhi e nel cuore.

Non morirà mai

chi ci ha voluto bene,

anche nel muto silenzio

la sua voce continuerà

a narrare:

non basta lo sguardo degli occhi

per aprire le porte del cuore.

Non permettere mai a nessuno

di portare l'inverno nella tua vita,

solo perché tu

hai sempre i colori dell'estate

negli occhi e nel cuore.

Possono rubarci i fiori

e i rami dei nostri alberi,

ma non la nuova primavera.

Possono rubarci i nostri mari

ma non la grande forza

dei nostri cuori.

Siate le giuste chiavi

per aprire le porte più ostinate

della vita,

siate ponti di cemento

per vincere l'usura dei passanti,

siate il profumo della dignità

che non teme offese

e umiliazioni.

Siate scogli

per combattere l'alta marea,

siate alta marea

per infrangere le scogliere

della vita.

In ogni situazione della vita

siamo chiamati a mutare

ma non ad arrenderci.

Le persone che ti disprezzano

sono quelle che vorrebbero copiarti

ma non riescono nemmeno ad imitarti.

Forse nessuno capirà il tuo sogno,

solo tu conosci la sua strada,

seguila ...

L'estate si rifugia nel mare,

dove il peso della vita

è levigato da acqua e sale,

dove il sale è baciato dal sole,

dove l'onda abbraccia il mare

e un attimo diventa eternità.

Vento del mare

non regalare

a chi non sa apprezzare

la vera fortuna dell'amore.

Nel tuo cammino

ti darà veramente una mano,

proprio colui che ne parla di meno.

Onda dispersa sulla spiaggia

il mare ti vuole ancora con sé,

come il cuore di ogni uomo

vuole tutto ciò che gli appartiene

e che vogliono portargli via.

Non è mai tardi

per incominciare

ad amare te stesso.

Avrà ancora sete

la tua anima

finché non ti amerai

per quello che tu sei.

Non ci sarà mai
l'ultimo sospiro
per chi occupa
il primo posto
nel tuo cuore.

Le vere stelle

vivono di luce propria,

più la notte è buia

e più brillano.

Regala l'indifferenza

a chi abusa

della tua clemenza.

...Che il sorriso

del cielo

possa rendere

facile il nostro cammino

sulle strade più storte.

Tanti parlano
ma pochi comunicano.

Non giudicare

una persona

dal suo denaro:

le ricchezze più preziose

non hanno tasche.

Nulla ci dividerà

dalle persone care

così come l'onda

non abbandona mai

il suo mare.

Possono rubare

I tuoi pennelli

ma non faranno mai

i tuoi capolavori.

Non c'è tempesta

per le querce dai secolari tronchi,

c'è sempre una voce

per l'uomo

che vuol cantare la sua vita,

nascerà ancora una stella

da ogni lacrima di pianto.

Non mortificare

la tua essenza

in nome

della futile apparenza.

I giovani possono percorrere

i deserti

ma gli anziani

sanno trovare le oasi.

La più grande verità

non fa rumore

ed è scritta tra i sussurri

del tuo cuore.

Navigante…
possono spegnere
i fari del tuo mare
ma non la tua forza
di navigare ancora.

Le persone speciali
non seguono le mode
e le correnti
perché spesso
sanno andare
controcorrente.

*

Ecco il racconto di chi ha il coraggio di sfidare i mari, vincere la paura, oltrepassare le scogliere così come si oltrepassano gli ostacoli della vita:

Mario: *"L'acqua sovrastava la neve ed io credevo di non rivedere più la terra. Il rumore assordante della cresta delle onde si infrangeva sulle pareti... un'altra volta quando stavamo tornando a casa, il mare che fino ad un momento prima era stato clemente con noi, nel giro di poche ore manifestò tutta la sua potenza. Il vento soffiava a centotrenta chilometri all'ora. Il mare si alzò in tempesta e la neve, seppur grande, faceva fatica a contrastare la sua furia. Avevo ancora poca esperienza, non avevo mai visto il mare così agitato, avevo molta paura. Pensavo in cuor mio che sarebbe stata la fine. Mi giravo per cercare lo sguardo di qualcuno più esperto di me, ma i volti che vedevo non erano incoraggianti, anche nei loro occhi vedevo una paura mai vista prima... anche chi era stato sempre un giocherellone, tra i miei compagni di equipaggio, aveva finito di scherzare. Non si sentivano più parole, se non quelle degli ordini del comandante che cercava di reagire nel migliore dei modi, cambiando rotta. Abbiamo incontrato un ridosso e lo abbiamo costeggiato. Siamo rientrati ventiquattro ore dopo rispetto alle previsioni. Durante quelle ore non siamo riusciti né a dormire, né a mangiare, ma ce l'abbiamo fatta."*

BIOGRAFIA DELL'AUTRICE

Svolge la propria attività lavorativa presso il reparto di Pediatria dell'Ospedale Niguarda di Milano per l'aiuto e il sostegno ai piccoli pazienti durante il difficile periodo della malattia.

Laureata in Pedagogia, presso l'Università degli Studi di Parma con una tesi dedicata allo studio del disagio infantile, l'autrice si occupa della gestione di laboratori finalizzati alla scrittura creativa.

Lo scopo di tale lavoro è offrire ai bambini l'opportunità di esprimere i loro stati d'animo, le emozioni, le speranze e l'attesa di un futuro migliore.

Il suo rapporto con la scrittura, i libri e la letteratura è un incontro con un mondo dove la fantasia e la realtà si abbracciano continuamente per andare alla ricerca delle verità più semplici e più nascoste.

Il mare, il sole, l'alba, i ritmi della natura sono sempre presenti nelle sue opere perché"...nell'universo nessuna creazione è uguale ad un'altra... così come ognuno di noi è nato per essere unico fiore di un giardino, unico albero di un viale, unico gabbiano nella sua libertà..."

Elisabetta ringrazia i bambini che ha conosciuto "...perché nella grandezza della loro sincerità mi hanno sempre indicato il vero cammino verso il sole".

L'Autrice collabora con l'Università degli Studi Milano Bicocca e vari istituti d'istruzione secondaria di Milano e provincia per l'organizzazione di stage e tirocini formativi rivolti agli studenti.

L'Autrice ha pubblicato:

"MUSICA, POESIA, COLORE", una raccolta di storie e testi teatrali per bambini.

"L'AURORA" e **"AL DI LA' DI TUTTO"**, due romanzi che hanno ottenuto un notevole successo e sono stati adottati come testi di narrativa in alcuni istituti d'istruzione secondaria.
"CORIANDOLINO" – **"CORIANDOLINO E LA VALIGIA VOLANTE"**: i racconti di un

bambino magico, nato per portare nel mondo l'Amicizia, la Felicità e la Fantasia. Il personaggio è stato accolto con molto entusiasmo dai bambini che lo hanno conosciuto e seguito nelle sue avventure.

"SUSSURRI POETICI", raccolta di poesie realizzate dai bambini.

"IL NOSTRO PICCOLO GRANDE POETA", raccolta di pensieri e liriche scritte dal bambino Luiz Felipe Bocci

"MILLE LUCI", ultimo romanzo (Marzo 2011), un viaggio magico e sensazionale che affronta ognuno di noi nell'avvincente percorso della vita.

"TU SEI IL VINCITORE": il vincitore non si arrende mai.

"IL CAMMINO VERSO IL SOLE": lettera ad un bambino down.

"SALVATE IL MEDITERRANEO": una richiesta di solidarietà di adeguati interventi per salvare i paesi coinvolti nell'attuale crisi economica.

"IL COLORE DELLE PAROLE": una raccolta di idee, pensieri….

"ITACA": è il luogo dove l'uomo è se stesso, senza ipocrisie, con tutta la sua grandezza di "essere pensante"

"LA SFERA DI CRISTALLO": è un portale,un trasmettitore pensato per unire il divino alla nostra realtà. Un mezzo per farci ragionare, per farci pensare, per rendere la nostra vita migliore.

"MARIO PONTI": storia di una rinascita.

"OLTRE IL BULLISMO"

Numerosi sono i premi e i riconoscimenti letterari meritati dall'Autrice, sia nel campo poetico che in quello narrativo.

Vedi sito: www.elisabettaturano.it

www.ingramcontent.com/pod-product-compliance
Lightning Source LLC
Chambersburg PA
CBHW060423290526
45791CB00002B/853